# 물은
## 어디에서 왔을까?

Penguin
Random
House

Original Title: Water Everywhere
Copyright © 2023 Dorling Kindersley Limited
A Penguin Random House Company

**www.dk.com**

# 물은
# 어디에서 왔을까?

### 질 앳킨스

DK | 삼성출판사

# 차례

# 고마운 물

우리는 날마다 물을 아주 많이 써요.

샤워를 하고 이를 닦지요.

화분에 물을 주고, 설거지를 하고, 옷을 빨고,

자동차도 닦아 주어요.

수영장과 물놀이 공원에도 물이 흘러넘쳐요.

## 즐거운 손 씻기

밥 먹기 전에는 손을 씻어야
해요. 그래야 병을 옮기는
얄미운 세균으로부터 우리
몸을 지킬 수 있어요.

우리 몸도 물을 원해요.
물을 마시지 않으면 건강한 몸과 맑은 정신을
유지할 수 없어요.

**물을
자주자주
마셔요!**

# 물의 행성, 지구

지구의 반 이상은 물로 덮여 있어요.

지도를 봐요. 다섯 개의 큰 바다와 몇몇 작은 바다에

대부분의 물이 모여 있어요.

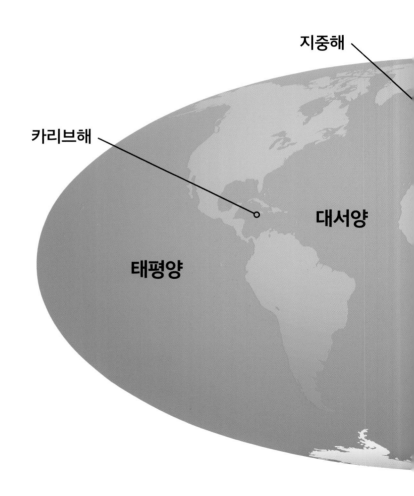

지중해

카리브해

대서양

태평양

바닷물을 마실 수는 없어요. 바닷물은 소금 때문에 짠데,
짠물을 그냥 마시면 병이 나요.
그럼 바닷물이 어떻게 마실 수 있는 물로 변하는지
알아볼까요?

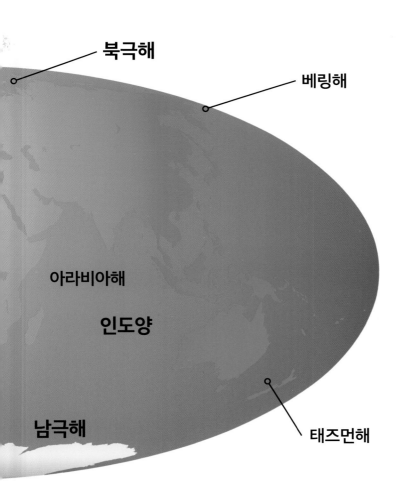

북극해

베링해

아라비아해

인도양

남극해

태즈먼해

# 물의 순환

햇빛이 쨍쨍 내리쬐면 바닷물의 온도가 점점
높아져요. 따뜻해진 바닷물은 수증기가 되어
하늘로 올라가요. 높은 곳의 수증기는 다시
차가워지면서 물방울과 얼음 알갱이가 되고
한데 뭉쳐져 구름을 만들어요.
바람이 구름을 몰아 땅으로 데려와요.
이때 물방울과 얼음 알갱이가 합쳐져 점점
무거워지고, 결국 땅으로 떨어지지요.
비가 오는 거예요.

**눈송이**

추울 때는 구름 속 얼음 알갱이가
녹지 않은 채로 떨어져 내려요.
눈이에요. 여섯 갈래로 가지를 뻗은
눈송이 좀 보세요. 정말 예뻐요.

빗물은 바닷물과 달리 짜지 않은 민물이에요.

빗물은 모여서 시냇물이 되고, 시냇물은 모여서

강물이 되고, 또 강물은 모여서 바다로 흘러 들어가요.

이렇게 바닷물은 하늘로 올라갔다 땅으로 떨어져서

다시 바다로 가요. 이런 과정을 물의 순환이라고 하지요.

# 사람과 물

우리가 마시는 수돗물은 처음에
강이나 호수에서 출발해요.
그리고 취수장에 모였다가 정수장으로 이동해요.
정수장에서 깨끗하고 맑은 물로 변하지요.
마지막으로 땅속 수도관을 타고 우리 집의
수도꼭지에 도착해요.

**취수장**
강이나 호수 등 자연의 물을 모으는 곳

**정수장**
취수장에서 온 물을 받아서 깨끗한 물로
바꿔 주는 곳

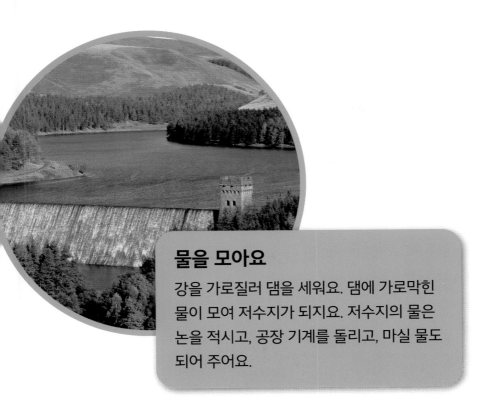

## 물을 모아요

강을 가로질러 댐을 세워요. 댐에 가로막힌
물이 모여 저수지가 되지요. 저수지의 물은
논을 적시고, 공장 기계를 돌리고, 마실 물도
되어 주어요.

물은 낭비하지 말고
아껴 써야 해요.
우리도 물 절약을
실천할 수 있어요.
물을 쓰고 난 뒤 잊지 말고
수도꼭지 잠그기!
정말 쉬워요.

# 동물과 물

물은 동물에게도 아주 소중해요.
코끼리는 코를 이용해 물을 많이
빨아들일 수 있어요.
그런 다음 코를 입에 대고 물을 마시거나
둥글게 구부려 등에 물을 뿌려요.
"아이, 시원해라."

사람은 물 없이 며칠 견디지 못해요.

하지만 낙타는 뜨거운 사막에서도 물을 마시지 않은 채

여러 날을 보내지요. 어떻게 그럴 수 있을까요?

그 비밀은 낙타의 물 절약에 있어요.

한꺼번에 많이 마셨다가 몸속에 저장해 두고서

아주 조금씩 쓰는 거예요.

바다의 동물이 물을 이용해
살아가는 방식은 무척 다양해요.
깊고 차가운 바닷속에는 깜깜한 어둠 속에
숨어 사냥하는 동물이 있어요.
반대로 수면 가까운 곳에서 사냥감을 추적하는
동물도 있지요.

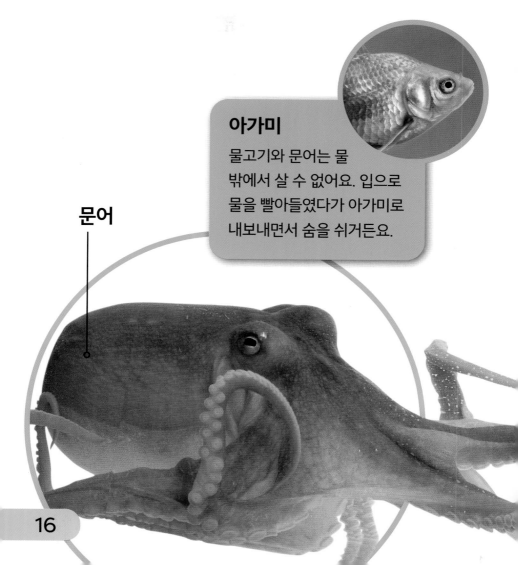

**아가미**

물고기와 문어는 물
밖에서 살 수 없어요. 입으로
물을 빨아들였다가 아가미로
내보내면서 숨을 쉬거든요.

문어

플랑크톤 ——————

세상에서 제일 큰 대왕고래와

노래 부르기를 즐기는 혹등고래는

플랑크톤이나 크릴새우 같은 작은 동물을 잡아먹어요.

먼저 큰 입을 쩍 벌려 바닷물을 쭉 빨아들여요.

그런 다음 물을 뱉어 내면서 위쪽 턱에 난 뻣뻣한

수염으로 먹이만 걸러 내지요.

# 식물과 물

식물도 물이 있어야 쑥쑥 자라요.

식물은 뿌리를 통해 물을 빨아들여요.

뿌리는 물을 찾아 땅속으로 뻗어 나가지요.

선인장은 물을 구하기 힘든
사막에서 살 수 있어요.
어쩌다 비가 오는 날에 물을 잔뜩
빨아들여 저장해 두었다가
오래오래 사용하기 때문이에요.

우리가 밥을 먹으려면 벼농사를 지어야 해요.
벼는 물이 찰랑찰랑한 논에서 자라지요.
논에 물이 부족하면 벼농사를 지을 수 없어요.

# 무서운 물

고마운 물이 무서운 물로 변할 때도 있어요.

비가 너무 많이 오면 홍수가 나요.

강물이 넘치고 집이 둥둥 떠내려가지요.

거꾸로 비가 너무 오지 않으면 가뭄이 들어요.

논밭이 쩍쩍 갈라지고 농작물이 말라비틀어져요.

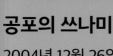

### 공포의 쓰나미

2004년 12월 26일, 인도양에서
발생한 지진이 끔찍한 쓰나미를
몰고 왔어요. 30미터 높이의
파도가 밀려와 마을을 파괴하고
20만 명이 넘는 사람들의 목숨을
앗아 갔어요.

가끔은 바닷물이 사납게 날뛰기도 해요.

거친 파도는 바닷가로 밀려와

사람을 낚아챌 만큼 힘이 세요.

이 가운데 가장 강력한 것이 쓰나미예요.

바닷속에서 일어난 지진이나 화산 폭발 때문에

어마어마하게 큰 파도가 육지로 덮쳐 오는 거예요.

# 물의 상태 변화

물은 매우 차가워지거나 몹시 뜨거워지면
모습이 변해요. 이를 물의 상태 변화라고 하지요.
우리가 마시는 물은 액체예요.

고체

액체

기체

온도가 점점 낮아지면 물이 단단해져요.

액체인 물이 고체인 얼음으로 변한 거예요.

북극곰이 사는 북극은 온통 얼음투성이예요.

온도가 점점 높아지면 물은 수증기로 변해

공기 중으로 흩어져요.

기체가 된 것이지요.

### 수증기

냄비나 주전자에서 물이 끓으면 뽀얗게 수증기가 피어올라요. 수증기에 손을 갖다 대면 안 돼요. 굉장히 뜨겁기 때문에 화상을 입을 수 있어요.

# 자연의 선물, 물 에너지

물은 먼 옛날부터 에너지가 되어
사람들을 도와주었어요.
에너지란 어떤 일을 해낼 수 있는 힘을 뜻하지요.
산골짜기를 흘러내리던 물이 커다란 바퀴를 돌려
곡식을 찧기도 했어요. 바로 물레방앗간이지요.

캐나다의 수력 발전소예요. 물이 높은 곳에서 낮은 곳으로
떨어져 내리면서 커다란 바퀴를 돌려 전기를 생산하지요.
아, 수력 발전소는 최신식 물레방아군요.

하얀 연기를 내뿜으며 달려 나가는

증기 기관차는 약 250년 전에 발명됐어요.

증기 기관차도 물의 힘으로 움직여요.

물을 끓이면 기체인 수증기로 변하잖아요.

이 수증기가 기차 바퀴를 돌려 주는 거예요.

물은 전기를 만들어 주기도 해요.

강에 세운 수력 발전소와

바닷가에 세운 조력 발전소에서 만든 전기가

온 세상을 밝혀 주지요.

# 푸른 물, 맑은 물

깨끗한 물을 지키는 일은
자연과 인간 모두를 위해 아주 중요해요.
기름을 가득 실은 배에서 사고가 일어났다고
상상해 봐요. 시커먼 기름이 흘러나와 바다를 뒤덮어요.
어이쿠, 바다에 사는 동물과
바다에서 일하는 어부에게 큰 피해가 생겨요.

**기름을 뒤집어쓴 새**

1993년, 영국의 북쪽 바다를 지나던 배에서
기름이 바다로 흘러나왔어요. 안타깝게도
이 기름 때문에 1500마리 가까운 새가
죽었어요.

공장에서 위험한 물질이 섞인 쓰레기를 강에 버리면
강물이 오염돼요. 그럼 강물에 사는 물고기가 모두
죽을지도 몰라요.
사람이라고 안전하지는 않아요. 그 물을 마시거나
물이 피부에 닿으면 몹쓸 병을 앓게 돼요.
그러니까 깨끗한 물 지키기는 백 번 천 번 강조해도
지나치지 않아요.

# 물, 생명의 뿌리

물은 사람과 동물과 식물 모두에게
아주아주 소중해요.
물이 없다면, 지구는 살아 있는 생명체를
찾아볼 수 없는 텅 빈 사막으로 변할 거예요.

화성에서
물의 흔적을
조사하는 탐사차

과학자들은 화성 같은 다른 행성에서
물의 흔적을 찾으려고 노력했어요.
이것은 무척 중요한 일이에요.
만약 물의 흔적이 있다면 그곳에 생명체가
살고 있을 가능성이 있으니까요.

# 용어 정리

### 가뭄
비가 적게 와서 물이 부족해지고
그에 따라 피해가 생기는 일

### 댐
전기를 생산하거나 물을 이용하기
위해 강을 막아 쌓은 둑

### 물의 순환
바닷물이 하늘로 올라갔다 땅으로
떨어졌다 다시 바다로 흘러드는 과정

### 민물
짜지 않은 물

### 쓰나미
바닷속에서 일어난 지진이나 화산
폭발 때문에 생겨난 어마어마하게 큰
파도

### 오염
쓰레기나 위험한 물질로 바다와 하늘,
땅이 더러워지는 것

### 저수지
물을 모아 두기 위해 댐으로 강을 막아
만든 큰 연못

### 정수장
취수장에서 온 물을 받아서 깨끗한
물로 바꿔 주는 곳

### 취수장
강이나 호수 등 자연의 물을 모으는 곳

### 행성
지구처럼 태양 둘레를 빙빙 도는 화성,
수성, 목성 따위의 별

### 홍수
비가 많이 와서 개울이나 강에 크게
불어난 물

# 퀴즈

이 책을 읽고 무엇을 알게 되었는지 물음에 답해 보세요.
(정답은 맨 아래에 있어요.)

1.  물은 지구 넓이의 얼마나 많은 부분을 차지하고
    있을까요?

2.  바닷물을 마시면 안 되는 이유는 무엇일까요?

3.  식물의 어떤 부분이 땅속에서 물을 빨아들일까요?

4.  물의 상태 세 가지는 무엇일까요?

5.  "과학자들은 물의 흔적을 찾기 위해 다른 행성을
    탐사했다." 진실 또는 거짓?

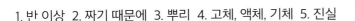

1. 반 이상  2. 짜기 때문에  3. 뿌리  4. 고체, 액체, 기체  5. 진실

# DK 읽는재미!
## SUPER Readers

아이들의 흥미와 발달을 모두 고려한
체계적인 읽기 프로그램 <DK 읽는 재미>.
스트레스 없는 책 읽기를 통해
아이들의 문해력이 자연스럽게 향상됩니다.

**LEVEL 1**

스스로
읽어요

취학 전~
초등 1학년

본문 32p